Für Genießer

KLEINE PERLEN-BIBLIOTHEK

Für Genießer

Herausgegeben von
Rainer Kaune

SKV-EDITION

Bildnachweis:
Umschlag: S. Baum
Innenteil: S. 9: G. Burbeck; S. 13: W. Okon; S. 17:
W. Rauch; S. 21: K.-H. Schlierbach; S. 25, 57:
H. Reinhard; S. 29: R. Bruckner; S. 33: W. Stettmeier;
S. 37, 61: G. Weissing; S. 41: M. Ruckszio; S. 45:
G. Hettler; S. 49: J. A. Fischer; S. 53: N. Kustos

Die Deutsche Bibliothek – CIP-Einheitsaufnahme

Für Genießer / hrsg. von Rainer Kaune. –
Lahr : SKV-Ed., 2000
   (Kleine Perlen-Bibliothek ; 94264)
   ISBN 3-8256-4264-X

Kleine Perlen-Bibliothek 94 264
© 2000 by SKV-EDITION, Lahr/Schwarzwald
Gesamtherstellung:
St.-Johannis-Druckerei, Lahr/Schwarzwald
Printed in Germany 7140/2000

Inhalt

Genieße, du blühst dann auf

Genieße den Tag!

Quintus Horatius Flaccus

Die Seele nährt sich von dem, woran sie sich freut.

Aurelius Augustinus

Genieße, was dir Gott beschieden ...

Christian Fürchtegott Gellert

Lust ist Leben.

Novalis

Genieße froh das Leben!

Katharina Elisabeth Goethe

Ein Christ soll und muss ein fröhlicher Mensch sein.

Martin Luther

Alle guten Dinge sind starke Reizmittel zum Leben ...

Friedrich Nietzsche

Freudigkeit ist die Mutter aller Tugenden.

Johann Wolfgang von Goethe

Wer schaffen will, muss fröhlich sein.

Theodor Fontane

Tages Arbeit, abends Gäste!
Saure Wochen, frohe Feste!
Sei dein künftig Zauberwort.

Johann Wolfgang von Goethe

Was mit dieser Welt gemeint,
scheint mir keine Frage.
Alle sind wir hier vereint
froh beim Festgelage.   Wilhelm Busch

Genießen heißt sich und andern in
Fröhlichkeit angehören.

Johann Wolfgang von Goethe

Bemüh dich nur und sei hübsch froh,
der Ärger kommt schon sowieso.

Wilhelm Busch

Die Erde ist doch schön,
ist herrlich doch wie seine Himmel
   oben
und lustig drauf zu gehn!

Matthias Claudius

Und ist doch für jeden, der zu genießen
   weiß,
alles so herrlich gemacht und bestellt
   hier!

Friedrich von Bodenstedt

Vergebens besitzt, wer nicht genießt.

Römische Antike

Jeder besitzt nur das als wirkliches Eigentum, was er genießt und gebraucht.

Cicero

Genieße also, was dir das Glück ge-
gönnt hat und was du dir erworben
hast, und suche dir's zu erhalten.

Johann Wolfgang von Goethe

Das mühsam erlangte Glück wird doppelt genossen. Balthasar Gracian

Hast du deine Pflicht getan?
Dann sei alles Ächzen, Krächzen
auch für heute abgetan.

Johann Wolfgang von Goethe

Verdienter Genuss ist der schönste Genuss. Heinrich Berner

Genieße,
denn du lebst nur einmal

Genießt die Minute,
solange sie glüht!
Der Frühling verwelkt
und die Liebe verblüht.

Emanuel Geibel

Genieße still zufrieden
den sonnig heitern Tag;
du weisst nicht, ob hienieden
ein gleicher kommen mag.

Julius Sturm

Genießt den Reiz des Lebens!
Man lebt ja nur einmal.

Johann Friedrich Jünger

Lebe froh die kurze Frist,
wo das Leben
dir gegeben ...   Altindisch

Mach dir einen schönen Tag! Ermüde
dabei nicht! Wer für immer gehen
muss, der nimmt nichts mit. Und
Rückkehr wirds dann niemals geben.

Altägyptisch

Lasset uns des flücht'gen Tags
   genießen,
gilts vielleicht doch, morgen schon
   zu sterben.   Adalbert von Chamisso

14

Müdes Herz, lass den Schmerz
mit dem Atem fahren!
Lebst du doch jetzo noch
in den besten Jahren.

Johann Christian Günther

Wir rufen keine Stunde zurück; lasst
uns zusammennehmen, was geblieben,
was geworden ist, und nutzen und genießen, eh der Abend kommt.

Johann Wolfgang von Goethe

Brüder, wir
sind jetzt hier,
und wer weiß, wie lange?
Jeder Schritt
ist ein Tritt
zu dem letzten Gange.

Johann Christian Günther

Wann willst du das Eingesammelte
denn endlich genießen?   Arabisch

Rosen pflücke, Rosen blühn,
morgen ist nicht heut!
Keine Stunde lass entfliehn,
flüchtig ist die Zeit!

Aufschub einer guten Tat
hat schon oft gereut;
hurtig leben ist mein Rat,
flüchtig ist die Zeit!

Trinke, küsse! Sieh, es ist
heut Gelegenheit!
Weißt du, wo du morgen bist?
Flüchtig ist die Zeit!

Ludwig Gleim

Ich freue mich des Lebens, weil noch das Lämpchen glüht, suche keine Dornen, hasche die kleinen Freuden; sind die Türen niedrig, so bücke ich mich, kann ich den Stein aus dem Weg tun, so tue ich's; ist er zu schwer, so gehe ich um ihn herum. So finde ich alle Tage etwas, das mich freut; und der Schlussstein, der Glaube an Gott, der macht mein Herz froh und mein Angesicht fröhlich.

Katharina Elisabeth Goethe

... stets eingedenk sein, dass der heutige Tag nur einmal kommt und nimmer wieder.

Arthur Schopenhauer

Die ganze Weisheit des Menschen sollte eigentlich darin bestehen, jeden Augenblick mit voller Kraft zu ergreifen, ihn so zu benutzen, als wäre es der einzige, letzte.

Friedrich von Schiller

Die Gegenwart allein ist wahr und wirklich; sie ist real erfüllte Zeit, und ausschließlich in ihr liegt unser Dasein. Daher sollten wir sie stets einer heitern Aufnahme würdigen, folglich jede erträgliche und von unmittelbaren Widerwärtigkeiten oder Schmerzen freie Stunde mit Bewusstsein als solche genießen ...

Arthur Schopenhauer

Lebe im Augenblick! Lebe in der Ewigkeit!

Johann Wolfgang von Goethe

Der richtige Augenblick zum Glücklichsein ist jetzt.

Heinrich Berner

Genieße, doch nicht ohne Vernunft

Nicht hastig leben. Die Sachen zu verteilen wissen heißt, sie zu genießen verstehn.

Balthasar Gracian

Denn so großmütig und meisterhaft war sie in ihrer Freude, dass sie sie nie überstürzte, sondern, der Reihe nach, schon die Vorfreude ganz ernst nahm und durch sie durch, langsam fühlend, hinein in die Freude ging ...

Rainer Maria Rilke

Lasst uns einander zur Freude leben und nicht zu weise werden!

Johann Wolfgang von Goethe

Leicht zu leben ohne Leichtsinn, heiter zu sein ohne Ausgelassenheit, Mut zu haben ohne Übermut, Vertrauen und freudige Ergebung zu zeigen ... – das ist die Kunst des Lebens.

Theodor Fontane

... musst dich ums Vergangne nicht
   bekümmern;
das wenigste muss dich verdrießen;
musst stets die Gegenwart genießen,
besonders keinen Menschen hassen
und die Zukunft Gott überlassen.

Johann Wolfgang von Goethe

Zwei Dinge werden schnell mit dem Leben fertig: Dummheit und Liederlichkeit.

Balthasar Gracian

Bedenke, tust du nur, was dir Genuss
    bringt,
dass stets die Buße folgt, die dir
    Verdruss bringt.   Sophokles

Nichts zu viel.   Tempel zu Delphi

Übertriebener Genuss hat den Über-
druss zum Nachbarn.
                    Marcus Tullius Cicero

Auch im Genuss gehe man nie aufs
Äußerste.   Balthasar Gracian

Das Begehren ist das Maß der Wertschätzung. Sogar bei dem leiblichen Durst ist es eine Feinheit, ihn zu beschwichtigen, aber nicht ganz zu löschen. Das Gute, wenn wenig, ist doppelt gut.

Balthasar Gracian

Zwei Dinge sinds, die alle Kunst
des Menschseins in sich schließen:
entsagen können starken Sinns
und rechten Sinns genießen.

Peter Sirius

Ich genieße alles dankbar, was von außen kommt, aber ich hänge an nichts.

Wilhelm von Humboldt

... und so marschiert man eben durch die Welt, genießt die kleinen Freuden und prätendiert keine großen.

Katharina Elisabeth Goethe

Es gibt nur ein Mittel, sich wohl zu fühlen: Man muss lernen, mit dem Gegebenen zufrieden zu sein, und nicht immer das verlangen, was gerade fehlt.

Theodor Fontane

Ich freue mich meines Morgenkaffees, meines Mittagessens, meines Abendbrots, meines Betts ...   Friedrich Hebbel

Wie viel Freuden werden zertreten, weil die Menschen meist nur in die Höhe gucken und was zu ihren Füßen liegt, nicht achten.

Katharina Elisabeth Goethe

Angedenken an das Gute
hält uns immer frisch bei Mute.
Angedenken an das Liebe,
glücklich! wenns lebendig bliebe.

Johann Wolfgang von Goethe

Die Probe eines Genusses ist seine Erinnerung.   Jean Paul

28

Die fünf Hauptsäulen in der Welt des schönen Genusses

Das Essen

Es ist wunderbar, in wie nahen Beziehungen Menschenglück und Putenbraten zueinander stehn ...

Theodor Fontane

Setzt euch her und schaut euch um,
voll sind alle Tische;
keiner ist von uns so dumm,
dass er nichts erwische.

Wilhelm Busch

Fehlt dir, o Mensch, die Harmonie
in deinem Innenleben,
so wird dich eine Symphonie
zu reinen Höhen heben.
Aus Sauerkraut besteht sie und
Schweinshaxen, rosig runden,
und war dein Herze noch so wund,
es wird sogleich gesunden.

Otto Julius Bierbaum

Mir schwant etwas, mir ist so wohl.
Gibts heute Mittag Sauerkohl?

Wilhelm Busch

Es wäre schön, was Guts zu kauen,
müsste man es nur nicht auch
    verdauen.

Johann Wolfgang von Goethe

Junge Hähnchen sanft gebraten,
dazu kann man dringend raten.

Wilhelm Busch

Ich habe gerochen alle Gerüche
in dieser holden Erdenküche.

Heinrich Heine

Es wird mit Recht ein guter Braten
gerechnet zu den guten Taten.

Wilhelm Busch

Verbrannte Bücher lasse ich wohl gelten, aber verbrannte Braten!

Georg Christoph Lichtenberg

Wer einen guten Braten macht,
hat auch ein gutes Herz.   Wilhelm Busch

Worte, Worte, keine Taten!
Niemals Fleisch, geliebte Puppe,
immer Geist und keinen Braten,
keine Knödel in der Suppe.

Heinrich Heine

Denn Spargel, Schinken, Koteletts
sind doch mitunter auch was Netts.

Wilhelm Busch

So säumet denn, ihr Freunde, nicht,
die Würste zu verspeisen,
und lasst zum würzigen Gericht
die Becher fleißig kreisen!

Ludwig Uhland

Es reimt sich trefflich Wein und
  Schwein
und passt sich köstlich Wurst und
  Durst ...   Ludwig Uhland

Das weiß ein jeder, wer's auch sei,
gesund und stärkend ist das Ei.
                              Wilhelm Busch

Wenn man die Wahl hat zwischen Aus-
tern und Champagner, so pflegt man
sich in der Regel für beides zu ent-
scheiden.   Theodor Fontane

Lieber ein bisserl zu gut gegessen
als wie zu erbärmlich getrunken.
                              Wilhelm Busch

Das Trinken

Der Nebel steigt, es fällt das Laub;
schenk ein den Wein, den holden!
Wir wollen uns den grauen Tag
vergolden, ja vergolden.

Und geht es draußen noch so toll,
unchristlich oder christlich,
ist doch die Welt, die schöne Welt,
so gänzlich unverwüstlich!

Und wimmert auch einmal das Herz -
stoß an und lass es klingen!
Wir wissens doch, ein rechtes Herz
ist gar nicht umzubringen.

Theodor Storm

Ein Mahl, erheitert durch Gespräch
    und Wein.
Da mag das Herz voll guter Dinge sein.
Nur muss der Kopf des Rausches sich
    erwehren.

Gottfried August Bürger

Hast du noch mehr des Weins,
mit dem du mich gestern bewirtet?
Kränze mit Efeu nicht,
kränz ihn mit grünem Salat.

Johann Gottfried von Herder

Bringt mir Blut der edlen Reben,
bringt mir Wein!
Wie ein Frühlingsvogel schweben
in den Lüften soll mein Leben
in dem Wein.

Ernst Moritz Arndt

Wo wir trinken, wo wir lieben,
da ist reiche, freie Welt.

Johann Wolfgang von Goethe

Trinken heiße ich, mit offenen Sinnen
und zur guten Stunde einen Zug tun,
der mit ... Zauberkraft auf unser Innerstes auffällt und alle Seelenkräfte zu einem Freudenfeste versammelt, bei dem
die strengste Vernunft Feierabend
macht.

Georg Christoph Lichtenberg

Ob ich morgen leben werde,
weiß ich freilich nicht;
aber wenn ich morgen lebe,
dass ich morgen trinken werde,
weiß ich ganz gewiss.

Gotthold Ephraim Lessing

Mich ergreift, ich weiß nicht, wie,
himmlisches Behagen.
Will mich's etwa gar hinauf
zu den Sternen tragen?
Doch ich bleibe lieber hier,
kann ich redlich sagen,
beim Gesang und Glase Wein
auf den Tisch zu schlagen.

Johann Wolfgang von Goethe

Man kann, wenn wir es überlegen,
Wein trinken fünf Ursachen wegen:
einmal um eines Festtags willen;
sodann, vorhandenen Durst zu stillen;
ingleichen, künftigen abzuwehren;
ferner dem guten Wein zu Ehren;
und endlich um jeder Ursach willen.

Friedrich Rückert

Der Wein erhöht uns ...

Johann Wolfgang von Goethe

Eine kleine Erhebung durch Wein ist
den Sprüngen der Erfindung und dem
Ausdruck günstig ...

Georg Christoph Lichtenberg

Solange man nüchtern ist,
gefällt das Schlechte;
wie man getrunken hat,
weiß man das Rechte ...

Johann Wolfgang von Goethe

Unter den heiligsten Zeilen des Shakespeare wünschte ich, dass diejenigen einmal mir rot erscheinen möchten, die
wir einem zur glücklichen Stunde ge-
trunkenen Glas Wein zu danken haben.

Georg Christoph Lichtenberg

Wenn ihr Wein getrunken habt, seid ihr alle doppelt, was ihr sein sollt: noch einmal so leicht denkend, noch einmal so unternehmend, noch einmal so schnell ausführend.

Johann Wolfgang von Goethe

Man führt gegen den Wein nur die bösen Taten an, zu denen er verleitet, allein er verleitet auch zu hundert guten, die nicht so bekannt werden.

Georg Christoph Lichtenberg

Die stille Freude wollt ihr stören?
Lasst mich bei meinem Becher Wein;
mit andern kann man sich belehren,
begeistert wird man nur allein.

Johann Wolfgang von Goethe

Sitz ich allein,
wo kann ich besser sein?
Meinen Wein
trink ich allein;
niemand setzt mir Schranken.
Ich hab so meine eignen Gedanken.

Johann Wolfgang von Goethe

Es ist wunderbar, ... welche Püffe das
Herz verträgt, wenn man jeden Schlag
mit einer Flasche Markobrunner parie-
ren kann.

Theodor Fontane

Trunken müssen wir alle sein!
Jugend ist Trunkenheit ohne Wein;
trinkt sich das Alter wieder zur Jugend,
so ist es wundervolle Tugend.

Johann Wolfgang von Goethe

Stoßet an! Die Wonnekraft
möge selig walten,
bis die Zeit uns fortgerafft
zu dem Chor der Alten ...

Wilhelm Busch

Am Rhein, am Rhein, da wachsen
  unsre Reben;
gesegnet sei der Rhein!
Da wachsen sie am Ufer hin und
  geben
uns diesen Labewein.

So trinkt ihn denn und lasst uns alle
  Wege
uns freun und fröhlich sein!
Und wüssten wir, wo jemand traurig
  läge,
wir gäben ihm den Wein.

Matthias Claudius

Der Schlaf

Hoch vor allen
Gaben des Himmlischen
sei mir gepriesen,
du der Seele
labendes Wasser,
Glieder lösender,
heiliger Schlaf.

Emanuel Geibel

Der Müden süßes Heil, balsamischer
Schlaf!

Edward Young

Schlafe, was willst du noch mehr!

Italienisches Volkslied

Süßer Schlaf! Du kommst wie ein reines Glück ungebeten, unerfleht am willigsten. Johann Wolfgang von Goethe

O süßer Schlummer, unser höchstes Gut. Dranmor

O Schlaf, du süßes Labsal ... Euripides

Der Schlaf ist doch die köstlichste Erfindung! Heinrich Heine

Das Beste aber, ... viel schlafen ...

Friedrich Nietzsche

... man ... erkennt, dass mit dem Wasser der Schlaf das Beste in der Welt ist.

Wilhelm Raabe

Das prädominierende Gefühl bleibt doch immer: „Lägst du nur erst wieder im Bett."

Theodor Fontane

Der Schlaf ist der heilige Versuch der Natur, die Tageswunden zum Verheilen zu bringen. Den Schlaf vorzeitig unterbrechen heißt heilige Verbände abreißen.

Peter Altenberg

O Schlaf! O holder Schlaf! Du Pfleger der Natur.

William Shakespeare

Vieles kann man entbehren, wenn man zweierlei hat: Schlaf und Abwesenheit von Ärger.

Theodor Fontane

... die Erquickung aller Wesen, der Schlaf.

William Shakespeare

Man muss, ehe man sich zu Bette legt, die Lichter des Nachdenkens so wenig wie die anderen brennen lassen.

Jean Paul

Er sucht auf seiner Lagerstatt
die Ruhe, die er nötig hat.

Wilhelm Busch

Der unausgeschlafene Mensch ist eine
Null oder, wenn der Mensch überhaupt
eine Null ist, die Null einer Null.

Theodor Fontane

Dem Herrn Inspektor tuts so gut,
wenn er nach Tisch ein wenig ruht.

Wilhelm Busch

Ich habe mein ganzes spätres Leben
nach dem Satz eingerichtet, dass vier
ausgeschlafene Stunden besser sind als
zwölf müde.

Theodor Fontane

52

Die Natur

Man kann einen seligen, seligsten Tag haben, ohne etwas anderes dazu zu gebrauchen als blauen Himmel und grüne Erde.

Jean Paul

Ich wüsste nichts für mein Herz, so voll warmer Fülle, als die Herrlichkeit der Natur um uns her.

Johann Wolfgang von Goethe

Kein Mensch auf Erden hat mir so viel Freude gemacht als die Natur mit ihren Farben, Klängen, Düften, mit ihrem Frieden und ihren Stimmungen.

Peter Rosegger

Unerschöpflich an Reiz, an immer erneuerter Schönheit ist die Natur!

Friedrich von Schiller

Je näher wir der Natur sind, je näher fühlen wir uns der Gottheit, und unser Herz fließt unaussprechlich in Freuden über.

Johann Wolfgang von Goethe

Und wenn die goldne Sonn aufgeht
und golden wird die Welt
und alles in der Blüte steht
und Ähren trägt das Feld,
dann denk ich: Alle diese Pracht
hat Gott zu meiner Lust gemacht.

Johann Martin Miller

Wie liegt die Welt so frisch und tauig
vor mir im Morgensonnenschein.
Entzückt vom hohen Hügel schau ich
ins frühlingsgrüne Tal hinein.

Wilhelm Busch

Geh aus, mein Herz, und suche Freud
in dieser lieben Sommerzeit
an deines Gottes Gaben;
schau an der schönen Gärten Zier
und siehe, wie sie mir und dir
sich ausgeschmücket haben.

Paul Gerhardt

Der Juni kam. Lind weht die Luft.
Geschoren ist der Rasen.
Ein wonnevoller Rosenduft
dringt tief in alle Nasen.

Wilhelm Busch

Wie herrlich leuchtet
mir die Natur!
Wie glänzt die Sonne!
Wie lacht die Flur!

Es dringen Blüten
aus jedem Zweig
und tausend Stimmen
aus dem Gesträuch

und Freud und Wonne
aus jeder Brust.
O Erd, o Sonne!
O Glück, o Lust!

Johann Wolfgang von Goethe

So schönes Wetter – und ich noch dabei.

Wilhelm Raabe

... Ruhe und frische Luft, ... diese beiden Dinge wirken wie Wunder und erfüllen Nerven, Blut und Lungen mit einer stillen Wonne.

Theodor Fontane

Die Natur ist unser Jungbrunnen ...

Hermann Löns

Blicke in die schöne Natur und beruhige dein Gemüt über das Müssende.

Ludwig van Beethoven

Aus der Natur, nach welcher Seite hin man schaue, entspringt Unendliches.

Johann Wolfgang von Goethe

*Der Geist, die Kultur
und die Schönheit*

Der geistige Mensch kann geradeso gekitzelt werden wie der sinnliche.

Theodor Fontane

Je geistiger ein Genuss ist, desto dauernder ist er.

Johann Gottfried von Herder

Bücher sind kein geringer Teil des Glücks. Die Literatur wird meine letzte Leidenschaft sein. Friedrich der Große

Wenn man im Januar einen Dichter liest, so ists so lieblich, als wenn man im Junius spazieren geht.   Jean Paul

Ein Buch ist ein Paradies, das man in der Tasche trägt.   Chinesische Weisheit

Die Kunst ist zwar nicht das Brot, aber der Wein des Lebens.   Jean Paul

Die Kunst allein gewährt uns Genüsse, die nicht erst abverdient werden dürfen, die kein Opfer kosten, die durch keine Reue erkauft werde.

Friedrich von Schiller

Und es neigen die Weisen oft am Ende zu Schönem sich. Friedrich Hölderlin

Kein andres Glück empfind ich, als zu lernen. Petrarca

Ich würde nichts Schöneres kennen, als in Ewigkeit weiterlernen zu dürfen.

Christian Morgenstern

Man sollte alle Tage wenigstens ein kleines Lied hören, ein gutes Gedicht lesen, ein treffliches Gemälde sehen und, wenn es möglich zu machen wäre, einige vernünftige Worte sprechen.

Johann Wolfgang von Goethe